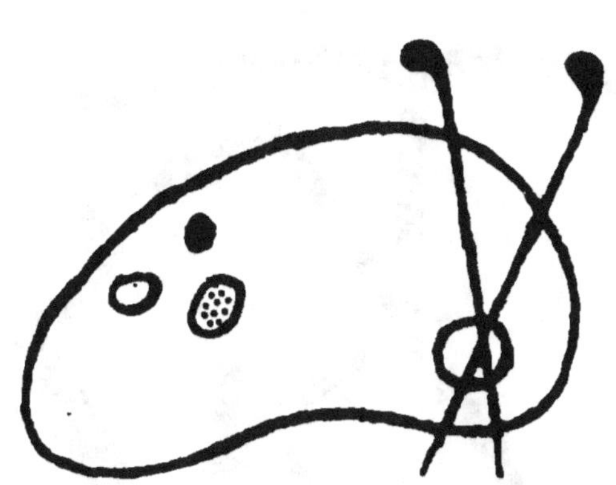

Début d'une série de documents
en couleur

Couverture inférieure manquante

DE L'INFLUENCE

DU

PROGRÈS DES COMMUNICATIONS

SUR L'ÉVOLUTION DES SOCIÉTÉS

PAR

HENRI DECUGIS

Extrait de la *Revue Internationale de Sociologie.*
2ᵉ Année, nᵒˢ 7 et 8. — Juillet et Août 1894.

PARIS

V. GIARD & E. BRIÈRE

LIBRAIRES-ÉDITEURS
16, RUE SOUFFLOT, 16

1894

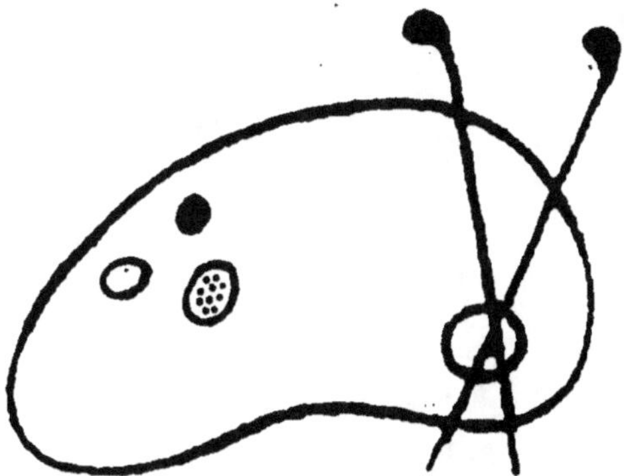

Fin d'une série de documents
en couleur

De l'influence du progrès des communications

SUR L'ÉVOLUTION DES SOCIÉTÉS (1).

C'est aujourd'hui un lieu commun de célébrer les conquêtes de la civilisation au XIXe siècle : savans et littérateurs ont souvent fait défiler devant nos yeux le résultat de l'immense labeur du siècle. Cependant peu d'écrivains ont encore essayé de les étudier et de dégager les liens qui les unissent pour tirer une conclusion d'ensemble. Il semble que l'heure soit venue de commencer ce travail de sinthèse. La question sociale devient chaque jour plus pressante, nous sentons tous plus ou moins confusément que demain une ére nouvelle s'ouvrira, que nous sommes arrivés à un tournant de la route ou plutôt à un carrefour où déjà nous entrevoyons plusieurs routes possibles; demain il nous faudra nécessairement en choisir une et selon que notre choix sera bon ou mauvais, nous irons vers le bonheur ou à la ruine.

Dans ce dernier cas, la civilisation européenne périra comme jadis périrent ses devancières, l'assirienne, la grecque, la romaine, l'égiptienne, etc. Mais peut-être au contraire sortira-t-elle victorieuse de l'épreuve. Quelle sera l'issue de la crise que nous traversons ? la

---

(1) Par suite de la prépondérance acquise dans les temps modernes par le langage écrit sur le langage parlé, l'orthographe depuis longtemps déjà demeure à peu près stationnaire et ne suit plus les progrès de la langue.

Le langage cependant n'est que le véhicule ou si l'on veut l'instrument de la pensée. Il est absolument hors de conteste qu'on ne lui demande qu'une chose : rendre le plus exactement possible la pensée de celui qui l'emploie. Il doit donc se débarrasser peu à peu des parties mortes qui, dès qu'elles sont inutiles deviennent nuisibles, en absorbant en pure perte une portion plus ou moins considérable de l'attention disponible du lecteur. Leur élimination progressive s'impose donc, mais elle doit être graduelle afin de modifier sans effort les habitudes acquises.

Voici la liste des simplifications apportées à l'orthographe actuelle dans les pages suivantes. Espérons que l'exemple sera suivi.

1° Suppression du *t* final au pluriel des mots finissant en *ent, ant* (Adopté depuis de longues années par la Revue des Deux-Mondes).

2° Remplacement du *ph* par l'*f*.

3° Remplacement de l'*y* par l'*i* partout où il fait double emploi avec l'*i*.

4° Remplacement de l'*x* par l'*s* dans les mots qui ont au pluriel la terminaison *eux, aux*. (Adopté récemment par l'Académie Française à titre définitif.)

1

maladie est-elle mortelle ou bien sa guérison nous laissera-t-elle rajeunis et plus vigoureus, mûrs pour des destinées plus hautes? Il serait bien hardi de chercher dès maintenant à le savoir, mais ne pouvons-nous pas néanmoins rechercher, non pas si nous serons arrêtés en chemin, mais bien où nous irons si nous ne sommes pas arrêtés, ce qui est tout différent. Etant données la société humaine et les lois nécessaires auxquelles obéit son développement, à quelles formes sociales nous amènera ultérieurement ce développement, si des causes accidentelles d'extinction ou de dégénérescence ne viennent pas l'arrêter avant son complet épanouissement? La question ainsi circonscrite devient susceptible d'une solution précise qui, ceci est à noter, ne s'appliquera à telle ou telle société particulière que d'une façon contingente, c'est-à-dire au cas éventuel où cette société continuerait son évolution jusqu'à son terme normal.

I

Les hommes en se groupant en sociétés ont toujours été poussés par un mobile identique, celui de retirer certains avantages de l'association formée. La cause de l'instinct sociable est la conservation de l'individu et de l'espèce et c'est cet intérêt complexe (conscient ou non suivant les cas), qui se retrouve comme cause déterminante à l'origine de tous les groupemens sociaus depuis la famille et la tribu primitives associées pour la guerre et pour la chasse jusqu'à la compagnie industrielle et à la société politique modernes. Voilà un fait général et d'ordre permanent; en le suivant attentivement dans ses manifestations complexes, nous le verrons éclairer pour nous tout le développement des sociétés, ce qui nous permettra d'arriver à en tirer une conclusion d'ensemble.

Les intérêts étant les liens qui unissent les hommes, les liens sociaus doivent subir les mêmes transformations que leurs intérêts. Or, il est évident qu'en supprimant plns ou moins complètement les distances matérielles et morales, des intérêts deviennent communs qui ne l'étaient pas auparavant. De nouveaus liens se trouvent ainsi créés entre les hommes et des groupemens sociaus correspondans tendent à s'établir; les liens antérieurs devenus moins utiles se relâchent peu à peu et finissent par disparaître tout à fait. Cet ajustement continuel aux conditions nouvelles, cette transformation incessante constituent la vie des sociétés; l'arrivée des nouveaus facteurs, la disparition des anciens produisent une série d'actions et de réactions se compliquant les unes les autres et qui, en dernière analyse, forment la trame de l'histoire.

Plaçons-nous à l'heure actuelle et observons tout d'abord, que le progrès des communications a rendu communs des intérêts séparés jadis par des distances infranchissables. Ceci est vrai notamment au point de vue économique. Une variation commerciale sur un point quelconque du globe intéresse tous ceus qui ont des relations directes ou indirectes avec ce point. Par exemple, un déficit ou un excédent dans la récolte des cocons japonais modifie la situation du marché soyeux en Europe et en Amérique. Généralement, toute perturbation locale sur un des produits qui alimentent l'industrie des transports se propage sur tous les marchés reliés avec le premier; c'est-à-dire, dans la plupart des cas, sur les principaux marchés du monde civilisé. Il n'est plus exact aujourd'hui de dire sans autre qualification : le marché de Londres, le marché de New-York, le marché de Paris. Il i a le marché du coton, le marché de cuivre, du fer, du blé, etc., qui sont relativement indépendans les uns des autres. Ainsi il est manifeste que le prix du blé à Paris ne dépend pas du cours des charbons ou des fonds d'État sur cette même place. Le prix du blé lui-même n'est pas sensiblement affecté par les variations de la récolte française, car leur amplitude ne dépasse guère 15 à 20 millions d'hectolitres. Or (en tenant compte des droits de douane) le prix du blé se règle sur la production du monde civilisé qui est en moyenne de 775 millions d'hetolitres. Il en est de même pour tous les produits susceptibles d'être transportés au loin; leur prix se règle d'après l'offre et la demande totales du monde civilisé. Plus les transports deviendront rapides et économiques, plus le nombre de ces produits augmentera et le jour est peut-être prochain où tous les produits utiles aux bommes auront un marché international.

Les procédés de travail n'échappent pas à la transformation générale. Une découverte, un perfectionnement quelconque ne se confinent plus aujourd'hui à l'endroit qui les a vus naître; ils se propagent toujours (notamment par l'imprimerie), dans les pays où ils sont applicables. Par exemple, les procédés Bessemer pour la fabrication de l'acier sont universellement en usage dans le monde métallurgique. Il en est de même dans l'industrie électrique pour les inventions d'Edison. Ne voyons-nous pas pareillement le monde médical adopter la théorie microbienne de Pasteur et la méthode

antiseptique de Lister ; le monde archéologique acclamer les découvertes de Mariette Bey et de Schliemann ; le monde littéraire se laisser pétrir l'âme par Tolstoï, Ibsen, Daudet, Dickens ; le monde
musical tressaillir d'émotion en entendant les productions de Wagner,
de Beethoven, de Gounod ; le monde scientifique et filosofique révolu-
tionné par les théories d'Helmholtz, de Spencer, de Darwin, de Taine.
Cette solidarité s'affirme également quand on observe les *écoles*, qui
sont les subdivisions de ces vastes communautés intellectuelles ; elles
aussi perdent leur caractère territorial et maintenant elles correspon-
dent à des affinités entre leurs adeptes réelles et indépendantes du
lieu de leur naissance. Ainsi en peinture, on disait jadis l'école de
Bologne, l'école de Venise, l'école hollandaise, l'école française ;
aujourd'hui (grâce aux progrès des communications), nous avons
l'école impressionniste, l'école classique ; toutes distinctions territoriales sont effacées, car ces écoles comptent des représentans dans
tous les pays du monde ; de même en littérature, les écoles réaliste,
mistique, naturaliste ; en politique l'école libérale, l'école socialiste,
le parti conservateur ; en filosofie les écoles spiritualiste et scientifique. Nous voyons de plus en plus ceus qui ont les mêmes idées et
les mêmes aspirations profiter des nouveaus moyens de s'unir, à
quelque pays qu'ils appartiennent. Leur âme est façonnée par les
mêmes influences, les mêmes hommes de génie font leur éducation
intellectuelle et morale. Qui soutiendrait qu'une individualité vrai-
ment moderne est encore territoriale ? Aujourd'hui, le milieu qui la
produit et qui détermine ses caractères propres, le milieu, dis-je, ne
doit plus s'entendre au sens matériel du mot. Votre milieu n'est plus
celui de vos voisins de rue, c'est votre bibliothèque. Si vous êtes
chimiste, par exemple, votre milieu intellectuel est celui où vivent
les chimistes de tous les pays, tandis que vos voisins sont des médecins, des ingénieurs, des artistes, des indifférens ; leurs préoccu-
pations habituelles, leurs études, voilà leur véritable milieu, il n'est
pas territorial. Tout le travail intellectuel se fait aujourd'hui en collaboration internationale : mathématiciens, biologistes, artistes cons-
truisent en commun leurs édifices respectifs ; chacun i apporte son
contingent de labeur et profite des progrès des autres. Là encore,
comme pour les intérêts économiques, les groupemens territoriaus
se sont effacés devant les groupemens constitués d'après des affinités
et des ressemblances purement humaines. Cette collaboration plus
rationnelle a pu s'organiser grâce au progrès des communications
(notamment ceus de la poste et de l'imprimerie) ; grâce à elle nos

connaissances se sont plus accrues en un siècle que pendant vingt siècles de civilisation.

Si nous continuons notre examen, nous voyons qu'aucune catégorie d'intérêts n'échappe à la loi générale, même celles qui correspond à nos distractions non intellectuelles. Ainsi il y a un monde du sport avec ses journaus spéciaus lesquels donnent aux amateurs les informations qui les intéressent. Les nombreuses associations d'escrime, de rowing, de ciclisme d'Europe et même d'Amérique ont, chacune dans leur sfère spéciale, des rapports fréquents ; elles tendent à se fédérer et à s'entendre pour réaliser l'*uniformité de législation* sur les points d'intérêt général sportif, par exemple la question des amateurs et des professionnels, l'homologation des records, l'organisation des matchs internationaus.

II

La transformation dont nous venons de suivre les progrès dans les différentes branches de l'activité humaine est donc tout à fait générale, mais chacun sait que ces changemens dans la structure sociale ne s'opèrent pas sans rencontrer des obstacles. Les tendances nouvelles se trouvent toujours en conflit avec les institutions établies, les usages profondément enracinés que le parti conservateur défend avec une ténacité souvent utile et toujours respectable. Toutes les nouveautés ne sont pas bonnes, et même, parmi celles qui le sont, beaucoup sont prématurées ; le rôle du parti conservateur est de contenir les impatiences et de laisser venir l'heure. Mais à la longue, les aspirations légitimes triomfent, les barrières s'abaissent. Ainsi la religion a été longtemps entre les peuples un obstacle infranchissable ; aujourd'hui, quelque opinion qu'on ait en religion ou sur les religions on est devenu tolérant, et quoique nous ayons encore des progrès à faire, il est indéniable qu'une nouvelle Saint-Barthélemy serait impossible.

Le langage est aussi un grand obstacle à la fusion des peuples. Pour s'unir, il faut d'abord se comprendre, quelle que soit la communauté d'intérêts qui pousse les hommes à s'associer. Mais le contact amène toujours la fusion. Dès que dans un pays la prospérité et la sécurité facilitent les communications, le langage s'unifie, patois et dialectes se fondent au contact et s'absorbent les uns dans les autres. Le langage le plus souple et qui s'adapte le mieux au besoins nouveaus supplante peu à peu les anciens dont il s'incorpore les élémens utiles. Si le bas-latin est devenu le langage des peuples fort différens qui composaient l'empire romain, c'est grâce à cette sécurité profonde, la *pax romana* que les Romains assuraient à leurs sujets et qui permettait aus communications de se développer considérablement. Les voies romaines, ce vaste réseau de routes ont, en outre leur utilité militaire, un rôle civilisateur dont la France a ressenti les effets dans toute son histoire.

Les différences territoriales qui résistent le plus au courant d'unification sont les différences de race, de religion, de langage. Mais elles sont condamnées à disparaître à mesure que le contact devient plus intime entre les hommes civilisés. Les evénemens de l'histoire nous montrent qu'elles sont d'ailleurs quittes à renaître, quand ce contact cesse. Les invasions barbares brisèrent l'empire romain en tronçons qui restèrent dès lors isolés. Cependant, grâce à la puissante organisation de l'Église, les barbares respectèrent l'unité religieuse qui devait plus tard aider au rapprochement. Mœurs, langages, institutions se différencièrent rapidement.

L'œuvre de la royauté en France, en Allemagne, en Angleterre, en Espagne fut de rétablir d'abord à l'intérieur l'unité détruite par le morcellement féodal.

Au xix⁰ siècle, le mouvement s'accélère, le nombre des États diminue, le langage, les mœurs, les races fusionnent rapidement grâce au perfectionnement de la navigation et de l'imprimerie et à l'invention des chemins de fer et des télégrafes. Aujourd'hui, en Angleterre, en France et en Allemagne les patois ont à peu près disparu, sauf dans les districts où le chemin de fer et l'instruction n'ont pas encore pénétré. C'est un grand résultat, mais il y a plus, car les communications internationales progressent aussi et le mouvement a tout naturellement passé les frontières.

La plupart des mots nouveaus, en effet, sont communs aux différens peuples civilisés; comme nous l'avons vu, chaque groupement social tend maintenant à s'établir d'après des affinités formant une communauté d'intérêts homogènes et indépendans de tout élément territorial. Or, ces groupemens ayant les mêmes besoins, les mêmes occupations, utilisant les mêmes procédés industriels ou commerciaus, scientifiques ou artistiques, étant en outre en rapports fréquens, sont tout naturellement portés à exprimer les mêmes choses de la même manière. Les informations commerciales que les journaus donnent en stile télègrafique sont intelligibles, non pas à tous les habitans du pays, mais bien à ceux qui connaissent le produit en question, quelle que soit leur nationalité.

Quand l'écriture était encore peu répandue, des mots étrangers s'introduisaient bien dans la langue, mais ils ne se transmettaient que par la parole et on les estropiait. Il i a dans notre langue un nombre considérable de mots dont le plus souvent nous avons oublié l'origine étrangère. Par exemple, le mot « redingote » vient de l'anglais « riding coat », mais les tailleurs d'autrefois (comme leurs cliens du reste), ne savaient pas l'anglais et le mot prenait dans leur bouche une fisionomie française qu'il gardait le jour où l'on se mettait à l'écrire. De même, les Anglais nous prirent jadis « étiquette » mais ils en firent « ticket » mot d'aspect bien britannique ; récemment le mot a repassé la Manche, mais aujourd'hui nous connaissons l'anglais et « ticket » ne s'est pas francisé davantage que les nombreux termes scientifiques, mondains ou sportifs d'importation récente. Le langage scientifique est aussi international, au sens le plus large du mot ; en effet, tous ses élémens nouveaux n'ont pas été introduits pêle-mêle dans la langue générale. La question se présente moins simplement. Par exemple, toute la terminologie nouvelle de l'électricité reste spéciale aux électriciens qui, dans tous les pays ont le même vocabulaire technique. Le Congrès des Électriciens de 1881, qui a consacré cette unification, a vu d'ailleurs sa tâche singulièrement facilitée pour plusieurs raisons dont voici les principales : en premier lieu, formant une classe intelligente et instruite entre toutes, la nécessité d'une terminologie universelle ne leur a pas échappé ; ensuite cette terminologie étant de création récente, les mots nouveaux tels que *volt, watt, ohm, feeder, dinamo, self induction, télégrafe*, etc., n'ont pas à lutter contre les anciens que des habitudes séculaires auraient enracinés ; enfin, dans le langage scientifique, presque toutes les découvertes et les instrumens nouveaux gardent le nom dont on les a baptisés dans leur pays d'origine. La liste en serait longue, mais la chose est familière à tous.

A quoi aboutira cette tendance absolument générale dont tant de faits particuliers nous affirment l'existence? La conclusion qui se dégage est que tous les hommes ayant la même civilisation finiront par parler la même langue. Sur cette dernière, se grefferont une série de vocabulaires techniques. L'élément territorial jouera dans cette transformation un rôle inversement proportionnel à la facilité des communications. Les langages actuels disparaîtront donc à l'exception d'un sèul qui persistera en vertu de la « survivance du plus apte ».

Quand il s'agit des hommes civilisés, cette expression « le plus apte » ne signifie plus aujourd'hui le plus fort fisiquement: de même qu'entre eus la force intellectuelle a pris peu à peu le pas sur la force brutale, de même parmi les langages (car ils suivent l'évolution générale), celui qui aura le plus de chances de conquérir les autres sera le plus souple et le plus perfectionné et non pas celui qui aura seulement la supériorité matérielle d'être parlé par le plus grand nombre d'hommes. Ainsi, le chinois qui a pour lui l'avantage brutal du nombre disparaîtra très probablement un jour devant le langage plus apte de la civilisation occidentale.

Que sera ce dernier langage? Vraisemblablement l'anglais très mélangé de français et d'allemand. L'anglais en effet est l'œuvre séculaire d'un peuple dont la force intellectuelle égale bien celle des Français ou des Allemands et dont la force d'expansion est infiniment supérieure. Le triomfe définitif de la langue anglaise arrivera le jour où, comme tout le fait prévoir, les États-Unis et peut-être l'Australie seront devenus le centre de la civilisation. Le français et l'allemand ont d'ailleurs beaucoup de tournures et de mots excellens faisant défaut à l'anglais et qui ne manqueront pas de s'i introduire rapidement quand tous les gens instruits connaîtront l'allemand, l'anglais et le français. C'est ainsi que l'allemand et l'italien ont déjà donné un grand nombre de mots au vocabulaire musical; de même l'anglais pour le sport, la marine; le français pour les modes féminines, la cuisine, la littérature. L'avenir nous réserve une pénétration réciproque infiniment plus intime.

Tout indique donc que la pluralité des langues ne subsistera pas longtemps entre les peuples appartenant à la même civilisation. Il i a quelques générations, une foule de patois divers existaient en France; ils ont tous disparu devant la langue d'oïl qui s'est d'ailleurs assimilé ceux de leurs élémens qui lui manquaient. Cependant au temps de Louis XIV, notre unité venait à peine d'être achevée, les communications étaient encore lentes, coûteuses et rares; on mettait près d'un mois pour aller de Paris à Marseille. Aujourd'hui il i a tous les jours plusieurs milliers de voyageurs qui font le trajet de Paris à Londres ou à Cologne, en huit heures. A moins d'un cataclisme que peut-être le socialisme prépare à la vieille Europe, les liens que nous avons examinés continueront à s'enchevêtrer. De telle sorte que les individus de tous les pays étant en rapports constans les uns avec les autres, l'usage d'une langue commune sera plus avantageus et finira par s'imposer. Sur ce langage commun, nous l'avons vu, se grefferont tous les vocabulaires techniques correspondant aux différentes activités humaines. C'est ce qui déjà existe à l'intérieur des principaus pays ; mais les frontières actuelles seront franchies et le mouvement gagne sans cesse.

L'avance prise par les Anglo-Saxons surtout depuis une trentaine d'années a pour cause principale ce fait fécond en conséquences indirectes qu'ils ont pu échapper au militarisme qui paralise le progrès sur le continent européen. Il faut le garder présent à l'esprit, ce retard est dangereux, pour l'avenir surtout ; et les progrès des communications de tout genre ont amené un développement économique, dépassant toutes les conceptions antérieures et dont le résultat est une division du travail poussée si loin que les liens sociaus jadis restreints dans d'étroites limites territoriales commencent à s'étendre au monde entier. Cette solidarité est déjà fort grande et personne n'ignore que la prospérité ou la débâcle momentanée des pays du Nouveau-Monde est une question de milliards en plus ou en moins pour les Européens. En 1888, M. de Foville estimait à dix-huit milliards et demi les valeurs étrangères possédées par des capitalistes français. En 1893, M. Alfred Neymarck portait ce chiffre à vingt milliards, soit dix pour cent de la fortune totale du peuple français (généralement évaluée à deux cent milliards environ). Cette proportion serait encore sensiblement accrue si on faisait entrer en ligne de compte tous les intérêts que nos commerçans et nos industriels ont à l'étranger.

III

Il existe enfin entre les hommes un autre genre de liens, ce sont ceux qui tiennent à la communauté de race. Au début, ils sont évidemment liés à la communauté de territoire, mais quand la race est mélangée ou dispersée (comme celle des Israélites), elle perd à la longue ces caractères originels. Si les Juifs sont encore imparfaitement amalgamés dans la société aryenne, cela tient à ce que, par suite de circonstances exceptionnelles, celle-ci les a longtemps traités en parias. Dans les pays à civilisation avancée, les différences de race n'ont plus d'importance ; elles jouent encore un grand rôle par exemple en Hongrie, en Bohême où l'antagonisme des races est encore très aigu. Mais en France, aux États-Unis, en Grande-Bretagne les races ont tellement perdu leurs caractères distinctifs qu'elles ne jouent aucun rôle dans les divisions politiques. Grâce aux intermariages pratiqués depuis des siècles, grâce à l'identité croissante des milieus, les différences diminuent en même temps que les ressemblances s'accentuent. En somme, dès les temps de la domination romaine (où l'unité politique elle-même était réalisée), les habitans de l'Europe occidentale ont eu le même mouvement religieux, littéraire, scientifique, artistique, industriel et commercial. Avec ce contact toujours plus intime, comment les nations actuelles pourraient-elles garder leur individualité longtemps encore ? En 1886, il i avait en France 1,126,530 étrangers, c'est-à-dire environ trois pour cent de la population. En Suisse, la proportion est de huit pour cent.

Du reste, la presque totalité de ces étrangers sont des Européens : Latins, Germains ou Slaves, nous appartenons tous à la race aryenne. Les différences nées depuis nos divers exodes des plateaux du Pamir sont trop légères et trop récentes pour être un obstacle sérieus à la fusion générale. Avec des races trop différentes, au contraire, comme les Chinois, les Nègres, les Malais, cette fusion serait probablement impossible. Moins bien doués que nous, beaucoup de peuples exotiques sont appelés à périr devant nous. Leurs habitudes d'esprit, leurs mœurs, leurs sentimens sont l'œuvre solide des siècles ; il faudrait aussi des siècles pour les adapter à notre civilisation supérieure. L'expansion coloniale marche trop vite aujourd'hui, la lutte est trop âpre pour eus, et ceus-là devront disparaître qui n'auront pas su se transformer de façon à lutter à armes égales contre les Européens. Dans quelques années, Peaus-Rouges, Australiens et Néo-Zélandais disparaitront comme les Incas et les Tasmaniens.

Pour l'Europe occidentale, la « question des races » est sans importance réelle. Il ne faut pas s'arrêter aus théories souvent émises par les hommes politiques pour déguiser leurs convoitises et légitimer leurs agressions.

I a-t-il encore des gens assez naïfs pour croire que M. de Bismarck en annexant le Sleswig-Holstein en 1864 et l'Alsace-Lorraine en 1871 était mu par des considérations d'ordre ethnografique ? Il n'i a plus beaucoup de Français pour déclarer que les Anglais devraient nous rendre Jersey, Guernesey et le Canada, sous couleur que la population est d'origine française. C'est la théorie de M. de

Bismarck avec cette circonstance aggravante que du moins ils sont sincères. Ces mêmes Français n'iraient pas néanmoins jusqu'à admettre la réciprocité en restituant l'Indo-Chine aus Indo-Chinois, l'Algérie aus Algériens et la Savoie aux Italiens.

L'antisémitisme est un exemple tout aussi erroné : il n'est qu'une forme déguisée du socialisme. Chacun sait que, sous prétexte d'une soi-disant lutte de races, les énergumènes qui dirigent le mouvement exploitent les jalousies des incapables et des besogneus contre les travailleurs intelligens. Ils mènent tout simplement ceus qui se croient indûment « exploités » à l'assaut des « exploiteurs ». Il i a des naïfs qui trouvent inique de supporter les conséquences de leur inintelligence, de leur paresse ou même de leur malechance; ils croient déjà mettre la main sur les dépouilles des capitalistes. Mais il faut leur donner l'illusion que leur cause est noble et patriotique et c'est pourquoi le déchaînement des appétits prend le nom plus sympathique de lutte des races.

De même pour la question irlandaise, elle doit bien son acuité dans une certaine mesure aux antipathies alléguées de race et de religion; mais le fond de la jalousie et de l'animosité des Irlandais est dû à ce qu'ils ne voient pas que leur misère vient surtout de leur imprévoyance et de leur paresse et non pas de leur exploitation par les Anglais. Ne nous laissons pas prendre à ces fallacieuses équivoques. Elles cachent des spéculations sordides et anti-sociales sous la défroque de théories aujourd'hui surannées auquelles la force de l'habitude donne un crédit qu'elles ne méritent plus.

IV

Si j'ai insisté sur ces questions de races et de langues, c'est pour prévenir autant que possible les objections qui viendront naturellement à l'esprit de ceus qui ne sont pas encore accoutumés à envisager dans toutes ses conséquences le progrès moderne des communications. Il est cependant bien évident que les facteurs de l'évolution sociale ne sont plus les mêmes qu'autrefois et que nécessairement les résultats subiront une transformation correspondante. Ne raisonnons plus comme du temps où nous n'avions pas la vapeur et l'électricité à notre disposition; secouons cette paresse d'esprit qui consiste à accepter la vérité d'hier comme celle d'aujourd'hui.

Il est une pensée de La Bruyère qui n'a jamais été si fortement vraie que dans notre siècle, je veux la rappeler aux sceptiques et aux incrédules : « Il ne faut pas vingt années accomplies pour voir changer les hommes d'opinion sur les choses les plus sérieuses comme sur celles qui leur ont paru les plus seures et les plus vrayes. »

La cause primordiale de tous les changemens qui se sont accomplis au XIXe siècle, c'est, nous l'avons vu, l'extension considérable des communications. Sans elle, les dernières révolutions auraient été comme celles d'autrefois de simples changemens d'étiquette sous lesquelles les sociétés restaient à peu près inchangées.

Nous avons vu que l'histoire des sociétés est celle du progrès des communications (au sens large du mot), et de la suppression graduelle des obstacles divers qui séparent les hommes. Ces obstacles extrêmement variés viennent soit des circonstances extérieures soit des hommes eus-mêmes; avec les chaînes de montagnes, les glaces, les mers et les déserts, il faut y comprendre les différences de civilisation, de langues et de croyance ainsi que la pauvreté générale, les guerres, les brigandages, toutes causes entravant les communications et par suite la pénétration réciproque des races. Ajoutez-i encore la nécessité d'une cohésion strictement territoriale tant que le type militaire reste prédominant et que la défense du territoire doit être assurée avant tout.

L'histoire de la décadence des sociétés se ferait pareillement mais en sens inverse. Par exemple, on pourrait montrer, au Bas-Empire, les communications rendues de plus en plus difficiles par l'abus de la réglementation administrative paralysant le commerce, par la faiblesse du pouvoir central qui laissait l'armée indisciplinée des fonctionnaires pressurer les provinces, par les bandes de brigands terrorisant les populations et mettant les campagnes au pillage et enfin par les discordes qui morcelaient l'Empire. On verrait, après la ruine consommée par les invasions barbares, les anciennes provinces érigées en royaumes isolés et autonomes, diverger de plus en plus les unes des autres. De nombreuses sociétés se formèrent alors qui, n'ayant plus la même langue, les mêmes mœurs, les mêmes institutions, s'ignoraient presque les unes les autres jusqu'à ce que le mouvement en avant fût repris, une fois la féodalité constituée.

Nous avons observé ensuite que, normalement, les groupemens sociaus tendent à se transformer suivant une loi unique pouvant s'énoncer comme suit :

Grâce au progrès des communications, les liens sociaus d'une

*part deviennent de moins en moins territoriaux et d'autre part de
plus en plus intrinsèques et purement humains.*

On comprend en effet que les affinités qui unissent respectivement
les artistes, les électriciens, les médecins de tous les pays ne sont
pas accidentelles, qu'elles tiennent à des particularités intimes,
exclusivement humaines. L'organisation qui est en train de se constituer est donc plus propre à assurer la satisfaction des besoins et
des aspirations de chacun. Le terme de cette évolution dont on se
rapprochera indéfiniment sans l'atteindre jamais complètement est
la suppression des distances.

Il est une catégorie de liens sociaus que nous avons laissée de côté,
ce sont les liens politiques, mais l'omission n'est qu'apparente. En y
regardant de près, on s'aperçoit sans peine qu'ils consistent dans
l'organisation que se sont donnée les habitans d'un même pays pour
la sauvegarde de leurs différens intérêts matériels, moraus et intel-
lectuels (lesquels forment les attributions des ministères et des services publics). Or, pour être efficace, cette organisation doit évidemment s'adapter aux changemens successifs qui s'opèrent dans l'évolution de ces intérêts; d'où la conclusion toute naturelle que l'organisation politique de la société continuera à perdre progressivement
tous ses élémens territoriaus.

En d'autres termes, la société humaine ne sera plus groupée par
États territoriaux indépendans les uns des autres, elle se composera
au contraire d'un ensemble d'organismes sociaus superposés, s'éten-
dant à tout le monde civilisé, étroitement enchevêtrés, offrant une
solidarité telle que la prospérité de chacun sera inséparable de la
prospérité générale. Chaque individu appartiendra généralement à
plusieurs de ces fédérations universelles selon ses différents intérêts.
Le groupement principal sera sans doute celui qui représentera la
catégorie des intérêts professionnels. Mais chacun sera en outre
membre d'un nombre plus ou moins grand d'associations diverses.
Ainsi les capitaux qu'il aura accumulés seront placés dans différentes entreprises au gouvernement desquelles il contribuera comme
actionnaire. Pareillement ses intérêts littéraires, artistiques, scientifiques, filanthropiques ou sportifs seront séparément représentés
dans des fédérations analogues et spécialisés d'après leur objet et
non plus d'après des distinctions territoriales.

Beaucoup de ces associations existent déjà et perdent peu à peu
de leur caractère territorial. Par exemple, en France, la Société des
auteurs dramatiques, la Société des compositeurs et des éditeurs de

musique, la Société des gens de lettres. Ces sociétés constituent de véritables républiques qui déjà s'étendent dans toute la France et commencent à passer les frontières pour grouper les intérêts des artistes, des musiciens et des écrivains dans tous les pays. On peut déjà facilement prévoir le jour où par exemple tous les peintres formeront une association universelle pour gérer leurs intérêts communs, organiser des expositions, poursuivre les contrefaçons et reproductions frauduleuses, percevoir les droits d'auteurs, servir des retraites à leurs membres.

Toutes les professions peuvent s'organiser ainsi en associations libres ayant une mission semblable, celle de protéger dans tout l'univers les droits de leurs membres contre la concurrence déloyale ou la contrefaçon, avec leurs tribunaus spéciaus (en germe dans les conseils de prud'hommes), et de réaliser l'unité législative, c'est-à-dire l'unité des poids et mesures techniques, des usages, des règles relatives aux brevets. C'est ce qu'ont fait par exemple, les congrès d'assureurs maritimes d'York et d'Anvers et surtout le congrès des électriciens de 1881 qui a établi les unités électriques dites *C. G. S.*

Les industries textiles et métallurgiques ont aussi une tendance à établir cette uniformité pour leurs poids et mesures, leurs échelles de tailles, de grosseurs et de qualités, les calibres, les pas de vis et les types de leurs produits. La réalisation en devient en effet de plus en plus nécessaire, à mesure que le commerce général s'accroît.

D'autres fonctions seront encore remplies par les fédérations industrielles et commerciales dont les Chambres de commerce et surtout les syndicats sont les ébauches encore imparfaites. L'extension considérable des syndicats professionnels dans ces dernières années est à cet égard très significative. Quand les fédérations embrasseront l'ensemble d'une profession, elles créeront et administreront des bourses et des marchés spéciaus, des magasins généraus, des conditions pour les soies, des cours professionnels; elles centraliseront les renseignemens et les informations statistiques qui sont maintenant indispensables. Dans certains cas, elles pourront même réunir dans leurs mains l'offre et la demande (ainsi que commence à le faire la Société des gens de lettres). De même un puissant syndicat de charbons allemands fonctionne depuis quelque temps en Westphalie et, d'après les journaux, il opère la vente de trente-cinq millions de tonnes, soit dix millions de tonnes de plus que la production annuelle de la France.

Une organisation analogue tend à se constituer pour le marché du

cuivre et aussi pour d'autres produits, car la tendance est générale
et l'entente entre les producteurs fait chaque jour des progrès. Les
Chambres de commerce dont la création remonte à l'époque de
Louis XIV répondaient déjà à un besoin très réel en groupant dans
une même région les commerçans; mais aujourd'hui, toujours grâce
au progrès des communications, se groupent ceux qui exercent la
même profession quel que soit le lien de leur principal établissement
et non plus tous les différents commerçans et industriels d'une même
région. Néammoins les chambres de commerce locales auront pour
longtemps encore, semble-t-il, leur place marquée à côté des grandes fédérations professionnelles. Supposons en effet un fabricant de
produits chimiques établi à Marseille, son intérêt l'aura sans doute
fait entrer dans la fédération universelle des produits chimiques,
mais cela ne l'empêchera pas d'avoir des intérêts locaus communs
avec les fabricans et les commerçans de Marseille. Ils peuvent en
effet réunir leurs intérêts communs, par exemple pour traiter avec
des compagnies offrant de perfectionner le port ou son outillage,
d'améliorer les relations de Marseille avec certains ports étrangers,
d'entreprendre l'évacuation des eaux d'égout, le pavage en bois ou
en asfalte, l'éclairage électrique ; ils peuvent aussi s'entendre pour
établir des roulemens pour l'usage des bourses, des quais, des écluses, des bassins, etc. De même les riverains d'un fleuve sont tout
qualifiés pour subvenir aux frais du curage, construire des écluses
et des digues, régler la liberté de la navigation, de la pêche, empê-
cher la contamination des eaux, approfondir le chenal, etc.

La solidarité sociale sera encore accrue par la multiplication d'une
autre sorte d'assiociations dont on compte déjà des exemples, je
veux parler des groupes d'associations. Nous sommes au courant de
la solidarité qui unit les différentes branches de l'activité humaine
et nous allons maintenant envisager l'évolution sociale non plus
sous son aspect simple et primaire, mais sous son aspect complexe
sans lequel nous n'aurions qu'une conception incomplète de l'ensemble.

Ce serait clairement une erreur que de conclure des pages précé-
dentes que les différentes professions tendent à s'isoler. Il est d'ob-
servation vulgaire que le contraire a lieu. Entre parenthèses, l'erreur des socialistes est de croire que la solidarité toujours croissante
exclut la liberté ; les économistes leur ont bien des fois démontré le
contraire et nous reviendrons sur ce point dans la suite. Le mini-
mum de solidarité se trouve dans les tribus sauvages où le com-

merce et l'industrie sont à l'état embryonnaire ; tandis que dans notre société civilisée, nous sommes d'autant plus solidaires que la division du travail est plus perfectionnée. Qu'un des rouages de l'organisme social cesse de fonctionner et tous les autres devront s'arrêter ; s'il fonctionne mal, les autres en subiront les effets. Actuellement la division universelle du travail peut se résumer en gros de la façon suivante : le rôle des pays les plus civilisés consiste à fournir aux pays neufs des capitaux qui aident ceux-ci à produire des matières premières que les vieux pays se chargent de transformer en produits fabriqués. En 1893, la grève prolongée des mineurs anglais a coûté des sommes énormes au commerce et à l'industrie tant de l'Angleterre que du reste du monde. Les affaires étaient paralysées et l'activité du monde entier a été influencée par la décision des mineurs anglais. On peut en dire autant de l'adoption et de l'abrogation du bill Sherman sur le régime de l'argent aus États-Unis ; pour s'en convaincre, il suffit de se rappeler les chroniques commerciales des journaus du moment. Le bill Mac-Kinley et les tarifs protectionnistes européens ont nui aussi à la prospérité générale, car leur but étant d'entraver la division naturelle du travail, ils arrêtent le progrès social qui en résulte.

Il est très difficile de prévoir dès maintenant jusqu'où sera poussée ultérieurement la division du travail, mais il est certain qu'elle ira très loin quand la civilisation approchera de son dernier terme. Actuellement elle amène une dépendance mutuelle plus considérable qu'on ne le croit communément. Tout le monde sait cependant que pour ce qui est de la guerre, les neutres ont presque autant d'intérêt que les belligérans au maintien de la paix. La civilisation européenne recevrait sans doute un coup mortel le jour où les deux moitiés de l'Europe se rueraient l'une sur l'autre. Rappelons-nous en effet qu'on peut évaluer à plus de 220 milliards de francs la valeur des produits échangés par les pays d'Europe dans les dix dernières années et ce chiffre s'accroîtra encore.

Il est bien clair que cette solidarité croissante ira toujours resserrant les liens qui unissent les différentes professions. Les industries extractives et celle des transports en sont les exemples les plus frappans. Aussi chaque industrie considérera-t-elle de plus en plus la prospérité générale comme essentielle à la sienne propre (abstraction faite des industries auxquelles tel ou tel progrès nouveau enlève leur raison d'être à mesure qu'il se répand ; par exemple les diligences, l'éclairage au gaz, la culture de la garance).

Cet accroissement naturel de la solidarité nous permet d'écarter le système socialiste. Tout dépend de l'extension des communications. Le parti socialiste veut aller plus vite que le progrès ; pour cela, il supprime la liberté et impose artificiellement une solidarité encore impossible. Cette dernière doit progresser librement, à mesure que les hommes peuvent transformer et resserrer les liens qui les unissent. La législation ne peut pas créer le progrès, mais elle doit s'i conformer afin de ne pas l'entraver. Il en est de même des meurtres par les bombes : les anarchistes vont à l'encontre du but qu'ils se proposent et leur sauvagerie ne sert qu'à retarder le progrès.

La guerre sociale ne peut pas durer, parce qu'elle est ruineuse. La réconciliation se fera entre les patrons et les travailleurs manuels quand ces derniers s'apercevront que celles de leurs revendications qui sont justes réussiront mieux quand elles seront exposées avec fermeté et modération au lieu d'être envenimées par ceux qui les mènent.

V

Nous sommes arrivés au point culminant de notre étude ; il nous faut maintenant examiner la question suivante : la lutte pour la vie sera-t-elle atténuée, voire même supprimée tant entre les individus qu'entre les groupemens sociaus ? Je ne le crois pas, seulement elle prendra une forme pacifique. Qu'il s'agisse des formes inférieures ou supérieures de la vie, la concurrence en est la loi, la condition de son progrès. Le rôle de la charité consiste seulement à réparer par une simpathie efficace les injustices du hasard qui frappe souvent les bons et les mauvais indistinctement, mais il ne consiste pas à soutenir les plus mauvais aux dépens des meilleurs. Il est nuisible et injuste de mettre obstacle à la survivance des plus aptes ; il est regrettable sans doute qu'à côté des forts il naisse aussi des faibles, mais c'est pousser à leur multiplication que de les soutenir artificiellement en prélevant une partie des gains des autres ; le moyen d'en avoir le moins possible, c'est de ne pas les encourager. Il est contraire à la justice sociale de diminuer ainsi et le profit qu'il i a à être bien doué et le désavantage qu'il i a à être mal doué. C'est cependant ce que fait toute intervention tendant à entraver le libre jeu des lois économiques et sociales ; elle supprime la sélection naturelle et l'hérédité des variations acquises utiles, grâce auxquelles il y a aujourd'hui une humanité civilisée qui, placée dans des conditions favorables, s'est élevée au-dessus des Esquimaus par exemple, dont certaines tribus ne peuvent compter que jusqu'à quatre. On tue le progrès en voulant i suppléer.

La concurrence, ou si l'on veut la « lutte pour la vie », ne disparaîtra pas de la vie civilisée. Elle se transforme en devenant moins extérieure, moins matérielle, et c'est de là que vient l'illusion des socialistes qui en prédisent la disparition. Au règne de la force brutale succède celui de la force intellectuelle et morale. La vigueur corporelle et la férocité étaient, chacun le sait, les qualités requises pour la vie sauvage des temps primitifs. Aujourd'hui la division du travail a établi une coopération universelle qui nécessite la paix ; par suite, le plus apte est maintenant celui qui possède les meilleures qualités pacifiques ; ces dernières sont devenues en effet les plus utiles. Le progrès des arts et des sciences aidant, les hommes les mieux doués pour la vie sociale sont appelés à triomfer de ceux qui le sont moins. D'ailleurs, il est fort heureux pour la civilisation qu'il en soit ainsi et il est attristant de voir se répandre l'opinion socialiste qu'il faut supprimer en tout ou partie le jeu de ces lois naturelles. Bien au contraire, la concurrence n'a jamais été si développée qu'aujourd'hui, malgré les succès partiels des socialistes.

On répète communément que le développement des grandes maisons de commerce et d'industrie au détriment des petits patrons est un désastre social. On a tué, dit-on, l'esprit d'indépendance et de liberté ; on a détruit les classes moyennes ; il ne reste plus que des armées de manœuvres sans initiative, engrenés dans un mécanisme inflexible et dirigés par un petit nombre de têtes. C'est, dit-on, l'asservissement social de la démocratie qui se prépare, etc. Les socialistes s'en réjouissent et les bourgeois en gémissent.

Ce sont là des vues fort courtes, car l'esprit d'initiative et le sentiment de responsabilité ne sont nulle part aussi développés que dans les grandes entreprises modernes. Dans les grands magasins de nouveautés, par exemple, les chefs de rayon jouissent d'une liberté très étendue et dirigent leur rayon comme ils l'entendent, leurs achats respectifs sont faits par eus ou sous leur direction, ils fixent les prix de vente de leurs articles, etc. Quant aus vendeurs, leurs gains dépendent dans une large mesure du chiffre de vente atteint par eus ; les caissiers ont, comme ailleurs, un intérêt pécuniaire à commettre le moins d'erreurs possible. Il y a aussi la légion aujourd'hui si nombreuse des voyageurs de commerce. Leurs gains ne dépendent-ils pas, davantage encore, de leurs aptitudes commerciales, de leur affabilité, de leur réputation de loyauté et de leur sagacité à deviner les besoins nouveaux ? Ajoutez encore, comme résultats du progrès moderne, le stimulant donné à l'initiative des chercheurs de toutes catégories, inventeurs, ingénieurs, dessinateurs, industriels. Dans la société actuelle, la libre activité est portée à son maximum d'énergie connu ; exemples : les deux pays les plus libres du monde, les Etats-Unis et l'Angleterre, sont ceux où le progrès économique a le plus amené ces grandes agglomérations de capitaus et ces associations colossales dont nous nous plaignons avec légèreté de voir la multiplication en France.

En fait, tout en étant patrons, les petits boutiquiers ont beaucoup moins de liberté et d'indépendance que les employés des grandes entreprises. Ceci n'est pas un paradoxe, car la liberté n'est guère qu'un mot pour un *petit boutiquier*. Qu'il soit épicier ou cordonnier, mercier ou menuisier, il est condamné à végéter péniblement au jour le jour. Aurait-il de grandes aptitudes commerciales, qu'elles resteraient inutilisées dans sa boutique étroite où seules les ménagères des alentours viennent faire leurs achats réduits. Comment pourrait-il songer sérieusement à perfectionner ses procédés commerciaus, à satisfaire les besoins nouveaux, à introduire le prix fixe par exemple ? La routine et la force même des choses l'empêchent de transformer l'échoppe de ses pères ; il faut convenir que, pour lui, la liberté est bien étroite et ne saurait engendrer le progrès. Il ne la possède qu'en théorie ; son ignorance et ses gains infimes lui interdisent les hautes aspirations ; le plein épanouissement de ses facultés lui est refusé. S'il a soif d'une vie plus large, il devra passer à l'ennemi, c'est-à-dire entrer dans une grande maison, ou en créer une lui-même. Là chacun gagne selon ses mérites. A des gains plus élevés, correspond la liberté de mieux satisfaire ses besoins, chacun étant à même d'acheter une plus grande quantité de choses nécessaires ou utiles. Ce n'est pas là l'asservissement social, mais bien l'affranchissement, ce semble. Il y a plus : la division du travail poussée fort loin dans ces vastes entreprises permet à chacun de choisir l'occupation qui convient le mieux à ses goûts et à ses aptitudes ; elle délimite à la vérité la sphère d'activité de chacun, mais elle lui permet d'i exceller en i déployant toute son intelligence et son énergie. Voilà la véritable liberté, elle est dans la coopération volontaire dont le développement indéfini amène celui de la solidarité ou intégration sociale.

VI

Les considérations qui précèdent sont appuyées sur un grand nombre de faits cités, elles peuvent maintenant nous fournir une base d'induction solide pour notre conclusion d'ensemble.

Quelle forme prendront les sociétés futures, une fois que les liens territoriaus qui unissaient les hommes auront disparu devant d'autres créés par le progrès des communications matérielles, intellectuelles et morales? Nous avons vu que nécessairement ces liens nouveaus sont noués par l'intérêt commun de ceux qui poursuivent un but identique (professionnel ou autre). Comment ces fédérations univer-selles se gouverneront-elles? Comment seront gérés ces intérêts communs? La question est évidemment difficile à résoudre ; cependant nous possédons déjà des indications. Ainsi, on peut affirmer sans crainte que les nouveaus États (si toutefois ils conservent ce nom), auront une organisation essentiellement libérale. Les sociétés civilisées tendent en effet vers le tipe industriel et repoussent le régime despotique qui est l'essence du tipe militaire. La liberté (sinonime de coopération volontaire), ira donc en augmentant comme elle a toujours fait. De deux choses l'une : ou la liberté augmentera et la civilisation progressera ; ou la liberté diminuera et la société dépérira ; l'histoire tout entière en est la vérification.

Les assemblées représentatives verront vraisemblablement leur rôle diminuer peu à peu. En effet, le régime représentatif se justifie en pratique par l'avantage qu'il a sur le gouvernement personnel de la nation (par exemple, comme dans les petites républiques de l'antiquité grecque), de ne pas forcer, ce qui serait impraticable, chaque citoyen à quitter sa résidence et ses affaires pour aller délibérer et surveiller le pouvoir exécutif. D'autre part, on préfère le système parlementaire au régime plébiscitaire, parce que le vote plébiscitaire est rarement éclairé et pas toujours sincère ; il donne trop de force à l'exécutif ; enfin il supprime pratiquement la discussion « d'où jaillit la lumière » et mène au despotisme. Ces raisons qui ont décidé en faveur du régime parlementaire dans les démocraties modernes ne se retrouvent plus dans une société devenue libre.

Ainsi l'imprimerie est un moyen de communication dont la valeur est devenue prépondérante. Elle sert de véhicule à toutes les discussions scientifiques importantes et on sait quel rôle dominant les journaus ont pris dans nos discussions politiques. En matière professionnelle également, les journaus spéciaus commencent à être de véritables tribunes où les opinions se présentent librement. De nombreus correspondans i donnent leurs avis motivés sur les questions à l'ordre du jour. Les renseignemens et les documens de toutes sortes i sont publiés ou indiqués. Par suite, chaque intéressé peut former son opinion en connaissance de cause et à loisir.

Qui sait aussi ce que le téléfone nous réserve? Les entretiens qui n'ont guère lieu actuellement qu'entre deux ou trois personnes pourraient facilement s'étendre à un nombre de personnes considérable. Une association pourrait ainsi tenir des séances plénières sans que les membres aient à se déplacer. Les discussions, quand l'emploi du téléfone sera tout à fait généralisé, seront sans doute plus calmes et gagneront en modération (d'autant plus que le président pourra facilement couper la communication aux interrupteurs récalcitrants). En tout cas, nous ne sommes qu'au début des applications de l'électricité et l'avenir nous réserve encore bien des progrès. Du reste, sans aller si loin, nous voyons déjà le vote par correspondance fonctionner dans beaucoup de sociétés. C'est ainsi que la Société des voyageurs de commerce a récemment décidé par correspondance l'augmentation du taux des secours accordés à ses membres en cas d'incapacité de travail.

On allègue encore en faveur du gouvernement représentatif que les électeurs peuvent bien choisir de bons députés, mais qu'on ne peut pas leur demander d'avoir une opinion raisonnée sur toutes les lois que leurs élus ont à confectionner. C'est exact, mais il ne faut pas perdre de vue que dans une association libre, les membres ne sont appelés à voter que sur des affaires qui sont de leur ressort. Ils sont évidemment tous compétens pour gérer les intérèts qu'ils ont mis en commun volontairement (cela ne les empêche pas d'ailleurs de choisir un comité exécutif). Il s'agit d'une coopération volontaire. Le jour où une minorité voit ses intérèts différer de ceus de la majorité, une scission se produit et il existe alors deux groupes homogènes. C'est ce qui s'est passé par exemple parmi les artistes français, il i a quatre ou cinq ans.

Dans les États territoriaus, cette liberté est malheureusement impraticable. Cependant les assemblées parlementaires deviennent chaque jour plus hétérogènes, car elles ne représentent plus uniquement des intérêts communs, comme à l'origine. Quelles chances avons-nous de voir nos lois bien faites et nos droits respectés alors que des industriels, des avocats, des financiers, des journalistes, des propriétaires, des ouvriers, des médecins, des rentiers, des professeurs, des agriculteurs, des commerçans sont appelés à trancher ensemble les questions les plus diverses et cela sans appel possible? Comment se peut-il que tous ces représentans préparent, discutent, amendent et votent avec compétence des lois sur la marine marchande ou le travail dans les manufactures, sur les compagnies d'assurances ou la propriété littéraire? N'est-il pas évident que leur rôle n'est pas là?

A mesure que, par la division du travail, la société se différencie davantage, les assemblées représentant tous les habitans d'un territoire sont des groupemens de plus en plus hétéroclites où les intérêts les plus différens se heurtent et se coalisent les uns contre les autres sans respect des intérêts généraux. La devise démocratique n'est plus : Liberté, égalité, fraternité ; mais : « Passe-moi la rhubarbe, je te passerai le séné. » On voit, par exemple, le groupe des producteurs de blé s'unir aux producteurs de vin pour voter des droits protecteurs sur les produits manufacturés, en échange de quoi les industriels votent aussi des droits sur les céréales et les vins. La désagrégation des partis atteint tous les pays civilisés, le mal atteint aujourd'hui jusqu'à l'Angleterre, cette forteresse du régime parlementaire : l'art de gouverner i est devenu comme ailleurs l'art de retenir ensemble par des concessions incessantes le faisceau de minorités qui a partout remplacé les majorités. Partout les droits isolés sont écrasés; les assemblées législatives et municipales sont aujourd'hui un marché où se nouent les intrigues et les coalitions d'intérêt; elles ont perdu le respect des droits de l'individu, la liberté se confond avec le despotisme des majorités. En élargissant indûment le cercle de leurs attributions légitimes, les États Européens marchent droit au socialisme qui sera leur ruine si le mouvement n'est pas enrayé.

La défense nationale et la police générale à l'intérieur, en i comprenant l'administration de la justice civile, voilà les intérêts communs à tous. A l'origine, c'étaient eus seuls que représentaient les assemblées territoriales; toutes leurs autres attributions sont d'autant d'empiètemens sur la liberté individuelle. Ce sont toutes ces injustices sociales accumulées qui ont amené la crise sociale actuelle.

Ce n'est pas en effet que les assemblées territoriales doivent disparaître totalement, elles ont leur rôle qu'elles rempliront mieux quand elles ne rempliront que celui-là. Je veux parler de la police qui ne semble guère pouvoir perdre d'ici longtemps son caractère territorial, pour partie au moins. Remarquons, cependant, que la police commence déjà à le perdre : ainsi, la répression de la fraude et de la contrefaçon (industrielle, commerciale, artistique, littéraire) sera plus efficacement poursuivie par les intéressés eus-mêmes devant les tribunaus spéciaus de la fédération universelle représentant leurs intérêts dans tout le monde civilisé. Mais les questions de police et de sécurité générales intéressant tout le monde incomberont toujours à une ou plusieurs assemblées générales.

Ici, la question du dualisme parlementaire se posera sans doute. On peut supposer l'adoption d'un système quelque peu analogue à ceus de l'Allemagne et des États-Unis. Une première assemblée serait nommée par le suffrage universel direct, une deuxième serait composée des délégués des fédérations universelles. La première assemblée représenterait les intérêts des individus pris isolément en tant que simples citoyens ; la seconde représenterait les intérêts des fédérations en tant que corps constitués.

La liberté d'association permettra à la transformation de se faire lentement et sans secousse, pourvu qu'on renonce courageusement au socialisme d'État, que les gouvernemens ne s'occupent plus de modifier les conditions du travail, du crédit et de l'assistance, pourvu qu'ils laissent les intéressés s'entendre pour adopter l'organisation qui leur convient le mieux ; pourvu enfin qu'on abandonne le système absurde et ruineux d'agriculteurs intervenant souverainement dans les questions industrielles, d'avocats et de propriétaires réglementant l'industrie du coton et de la pêche maritime. La liberté d'association sera la réforme corrélative de la précédente et une somme de justice beaucoup plus grande se trouvera ainsi réalisée.

La question de savoir à qui appartiendront les droits politiques dans les fédérations universelles qui seront les États de l'avenir est complexe et peu susceptible d'une solution précise. Outre qu'il i aura une série de formes transitoires, il ne se créera probablement pas de tipe fixe et unique. Nous nous acheminons sans doute vers une grande variété de tipes adaptés à une multitude de cas particuliers et subissant des transformations incessantes. Cependant quelle que soit la diversité des formes de l'évolution, ses lois sont immuables et nous permettent de tracer sa courbe générale.

Tout gouvernement organisé commence par être monarchique. Puis le gouvernement de plusieurs lui succède, c'est la seconde étape, la forme oligarchique. Enfin, le nombre de ceux qui prennent part aus affaires publiques allant toujours s'accroissant, on arrive peu à peu à la forme démocratique qui a pour base le suffrage universel. Remarquons du reste que le suffrage universel n'existe encore nulle part, car il comporte l'égalité de droits pour tous les adultes sans distinction de sexe. (Les Néo-Zelandais viennent d'en faire l'essai cependant, mais on peut douter que la tentative soit appelée à un grand succès, car il ne semble pas que les femmes aient déjà acquis les qualités de jugement nécessaires pour prendre part aus affaires publiques, même aus antipodes.) La même gradation se retrouve dans toute société organisée; nous ne devons donc pas être surpris de trouver à l'origine de l'organisation économique la forme patronale simple, puis comme seconde fase le gouvernement de plusieurs, c'est-à-dire des associés dirigeant une entreprise avec des employés irresponsables sous leurs ordres.

Nous en sommes encore à cette seconde étape, car il ne faut pas prendre nos sociétés par actions actuelles pour des républiques complétement démocratiques. Elles ont bien leurs actionnaires électeurs qui choisissent des administrateurs et un conseil de surveillance responsables, des assemblées délibérantes qui prennent des décisions importantes, mais les petits actionnaires n'ont généralement pas le droit de vote (régime censitaire) et la liberté des votans eus-mêmes est le plus souvent nominale dans la pratique; enfin le personnel de la société n'est pas associé en principe. Dans les entreprises ordinaires également, le travail de direction incombe souvent à une ou plusieurs personnes, mais il y a néanmoins conformité à la loi générale en ce sens qu'on voit s'augmenter sans cesse le nombre des personnes entre lesquelles se répartit le travail de direction.

On arrivera sans doute un jour à la forme démocratique, le gouvernement de tous ou mieux de chacun par chacun. Les peuples civilisés ont encore beaucoup de progrès à faire sur ce point. Nous sommes loin d'être mûrs pour la liberté, car avant d'en être dignes, il faut être capables de la respecter chez les autres. On se souvient par exemple, comment les syndicats des mineurs conçoivent la liberté du travail, comment ils contraignent à la grève ceus qui veulent continuer à travailler. On se rappelle la mise à l'index des ouvriers qui résistent à la tirannie des syndicats, les patrouilles les empêchant de se rendre à leur travail, les abords des puits barrés, les cartouches de dinamite faisant sauter les portes de ces indépendans dont les noms sont signalés à la haine populaire par les journaus sindicaus. A Paris ne voyons-nous pas depuis quelques années les électeurs ouvriers des conseils de prud'hommes persister à élire des candidats qui prennent l'engagement formel de donner toujours raison aux ouvriers dans leurs décisions, engagement dont l'exécution est souvent garantie par la démission en blanc laissée entre les mains du comité électoral ? Dans les assemblées parlementaires, départementales et municipales, la besogne consiste, nous le savons, à former, au moyen de concessions réciproques, des majorités pour violer les droits des minorités.

Aussi bien l'ère de la démocratie n'est encore ouverte dans aucun pays. Mais un jour viendra où la direction du travail appartiendra à tous les travailleurs et où par conséquent la participation aus bénéfices devenue légitime recevra son application intégrale. Actuellement il est inexact de dire que les ouvriers ont un droit à participer aus bénéfices. Leurs droits dépendent uniquement des conditions stipulées dans le contrat de louage de services, et cela n'est pas contesté. Ces conditions sont fixées par la loi de l'offre et de la demande; les ouvriers obtiennent un salaire déterminé par la productivité moyenne de leur travail en échange de services spécifiés à l'avance. Mais on ne comprend pas encore dans ces services le concours intellectuel des ouvriers pour la direction de l'entreprise. Quand de nouvelles conditions rendront ce concours utile, on le leur demandra et ils recevront en retour une rémunération en rapport avec la part qui leur reviendra effectivement dans la prospérité de l'entreprise. Voilà la véritable participation aus bénéfices, celle qui représente des services rendus, une responsabilité assumée. Ainsi : l'usine d'A est mieux dirigée que celle semblable de B; toutes choses égales d'ailleurs, les ouvriers d'A n'ont aucun droit à être payés plus que ceux de B, car leur travail est, nous le supposons, exactement le même. Au contraire A et ses employés chefs de service ont seuls droit à la totalité des bénéfices supplémentaires dus à leur meilleure direction. C'est l'application du principe fondamental de la justice sociale : à chacun selon ses œuvres.

Supposons maintenant que le progrès des machines continue à s'accroître, que les machines prennent de plus en plus la place du travail manuel; il est clair, et ceci est important, que plus ces dernières se chargeront de la besogne brutale et inintelligente, du *travail mécanique*, plus le travail humain deviendra cérébral et consistera en une besogne de direction intellectuelle. La sfère de la participation aus bénéfices s'élargira donc peu à peu et finira peut-être un jour par englober tout le corps social. Ce sera l'avénement du régime démocratique dans l'organisation du travail; un maximum de liberté correspondra à un maximum de responsabilité.

Le progrès mécanique ne transforme pas seulement la structure des entreprises utilisant directement des machines, mais il transforme la société tout entière, car il est la cause de l'extension des communications et, ne l'oublions pas, c'est gráce à cette extension qu'ont pu se constituer de vastes entreprises commerciales dont la zone d'activité est fort large et où la division du travail très perfectionnée porte le travail de chacun à son maximum de productivité. C'est pourquoi, malgré les transitions pénibles qui accompagnent la disparition du petit commerce et de la petite industrie, les applications de la mécanique, de la vapeur et de l'électricité ont augmenté le bien-être général et transformé la société.

En résumé, notre somme de liberté augmente à mesure que notre travail devient plus intellectuel, et malgré la solidarité qui résulte de la coopération volontaire d'un grand nombre d'individus à un but unique, car nous l'avons vu, une telle coopération n'est nullement exclusive de la liberté.

Les fédérations universelles qui commencent à succéder aus groupemens territoriaus présentent donc les caractères principaus suivans : l'élément territorial finira par en être éliminé; chacune d'elles groupera librement ses membres autour d'un intérêt commun et chacun appartiendra à autant d'associations qu'il aura d'intérêts distincts à gérer.

Les États civilisés ont du reste déjà commencé à abdiquer volontairement leur souveraineté territoriale sur certains points relatifs à l'organisation et à la protection internationales d'intérêts distincts. Le plus souvent, ce sont des associations littéraires ou scientifiques qui, à la suite de Congrès, ont réussi à provoquer la constitution officiellement reconnue des Unions internationales dont voici les principales :

Union postale universelle (1874).

Bureau international des administrations télégrafiques (1875). Siège à Berne.

Bureau international des poids et mesures (1875). Siège à Paris.

Union industrielle internationale, relative à la protection de la propriété industrielle (1883). Siège à Berne.

Union littéraire et artistique internationale (1886). Siège à Berne.

Convention internationale sur le transport des marchandises par chemin de fer (1890).

Les Unions dont le siège est à Berne constituent de véritables personnes morales; elles i sont représentées par autant de Bureaus internationaus (sous le contrôle du gouvernement fédéral suisse). Elles sont chargées de centraliser et de publier dans leur journal respectif spécial les renseignemens relatifs à la protection des intérêts de leurs ressortissans. Elles ne sont pas encore émancipées de la tutelle des Etats territoriaus, mais il est probable qu'elles conquerront peu à peu leur autonomie à mesure : 1° que leurs ressortissans seront admis à prendre une part plus directe à leur gestion; 2° qu'on arrivera à la suppression des monopoles d'État en ce qui concerne notamment les chemins de fer, les postes, les télégrafes et même les monnaies.

Cette organisation aura quelques analogies avec celle des corporations d'ailleurs locales de l'ancien régime. Mais il ne s'ensuit pas que la liberté et le progrès en seront exclus comme sous l'ancien régime. Les corporations d'autrefois convenaient au moyen âge, elles ne pouvaient pas avoir une organisation libérale dont la société féodale n'était guère plus susceptible que ne le seraient les peuplades sauvages actuelles. Aujourd'hui, notre civilisation permet et suppose beaucoup plus de liberté : aussi, quelle que soit leur étiquette, nos institutions doivent, relativement du moins, être libérales. On ne pourrait pas, par exemple, comparer les démocraties modernes aus *républiques* antiques qui avaient intérêt à conserver certaines institutions oppressives, telles que l'esclavage, la religion unique et obligatoire, l'exposition des enfans de faible constitution, l'impunité du vol adroit comme à Sparte, etc.

Nous avons vu, au contraire, que les progrès de la civilisation assurent aus hommes une somme de liberté croissante. Il se peut d'ailleurs que la société européenne soit, dans un avenir peut-être rapproché, détruite par la victoire définitive du socialisme et par la survivance du militarisme qui est incompatible avec la civilisation moderne. Mais si nous ne périssons pas par ces maladies sociales, l'Amérique du Nord, plus jeune et plus vigoureuse que la vieille Europe, profitera sans doute de cette grande leçon et la civilisation humaine poursuivra son évolution beaucoup plus loin encore.

Henri Decugis.